Inhalt

Chemieindustrie - Konjunkturkrise beschert der Branche eine unerwartete Talfahrt zum Jahresausklang

Kernthesen

Beitrag

Fallbeispiele

Zahlen und Fakten

Weiterführende Literatur

Impressum

GENIOS BranchenWissen Nr. 12/2008 vom 15.12.2008

Chemieindustrie - Konjunkturkrise beschert der Branche eine unerwartete Talfahrt zum Jahresausklang

Autor GENIOS BranchenWissen: A.Schneider

Kernthesen

- Bei vielen Chemieunternehmen brechen im laufenden vierten Quartal Umsatz- und Gewinn dramatisch ein.
- Die Abnehmerbranchen ziehen Aufträge zurück und bauen ihre Lager ab. Verstärkend wirkt der aktuelle Preisverfall bei Standardprodukten, insbesondere

- Kunststoffen und Basischemikalien.
- Die einzelnen Sektoren der Chemiehersteller sind unterschiedlich stark betroffen; besonders erwischt es die Petrochemie.
- BASF hat ein heftiges Bremsmanöver eingeleitet. Mit Gewinnwarnung und Produktionskürzung schreckte der Weltmarktführer die Branche nun auf.

Beitrag

Mit dieser Bescherung hatte die Chemieindustrie nicht gerechnet. Nach vier Jahren unentwegter Aufwärtsbewegung hat im laufenden vierten Quartal eine unerwartet heftige Talfahrt eingesetzt. In rasantem Tempo brechen Absatz und Erträge ein.

Chemiebranche gerät in den Sog der Finanz- und Wirtschaftskrise

Auch der Chemiebranche ist keine ruhige, beschauliche Adventszeit gegönnt. Sie muss Strategien finden, um die derzeitige Absatz- und Margenkrise zu bewältigen. Zu stark sind die Absatzmengen in den vergangenen Wochen ins Rutschen geraten. Dies liegt zum einen an der

Finanzkrise und dem von ihr ausgelösten Wirtschaftseinbruch. Die Chemiebranche gilt als Frühindikator für die Konjunktur, da ihre Produkte in vielen anderen Wirtschaftszweigen eingesetzt werden. Doch die Nachfrage nach chemischen Produkten ist jetzt stark eingebrochen. Die Krise war schon bei den Quartalsberichten des dritten Quartals ersichtlich; die Gewinne brachen bei vielen Chemiefirmen bereits ein. [Abb.1]
Verstärkt wird die Absatzkrise durch den derzeitigen Preisverfall bei Standardprodukten, insbesondere Kunststoffen und Basischemikalien. Die Spotpreise für das Chemie-Grundprodukt Ethylen zum Beispiel sind seit September um zwei Drittel gesunken. Der Kunststoff Polystyrol ist derzeit um ein Drittel, Polyethylen um gut die Hälfte günstiger zu haben als noch vor zwei Monaten. Eine ähnliche Entwicklung vollzieht sich derzeit in anderen Grundstoffindustrien. Stahl und Aluminium etwa haben sich seit September ebenfalls um rund die Hälfte verbilligt.
Und drittens kommt hinzu, dass die Weiterverarbeiter noch weiter sinkende Preise erwarten, daher nur wenig bestellen und ihre Lager klein halten. Dies gilt beispielsweise für die Nachfrage aus Asien. Die Abnehmer dort bauen ihre Lager ab. Damit erweist sich die Nachfrage aus Asien als nicht so stabil wie erwartet. Die Chemiehersteller fahren demzufolge die Produktion zurück, damit sie nicht zu

viel auf Lager produzieren müssen. (1)

Die führenden Vertreter der Chemiebranche haben ihre Prognosen inzwischen fast alle nach unten korrigiert. Branchenführer BASF leitete ein heftiges Bremsmanöver ein und teilte mit, dass bis Januar bis zu einem Viertel aller Produktionskapazitäten weltweit stillgelegt oder gedrosselt werden. Der amerikanische Branchenzweite Dow Chemical äußerte düstere Prognosen für 2009 und auch die Konkurrenten Dupont und Celanese haben ihre Erwartungen für 2008 jüngst gekürzt.

Auch die meisten Analysten haben ihre Erwartungen zurückgeschraubt. Die Experten der Rating-Agentur Standard & Poors gehen davon aus, dass die weltweite Chemieindustrie im vierten Quartal insgesamt allenfalls noch ein geringes Wachstum, möglicherweise sogar einen Rückgang ihrer Absatzmengen verzeichnen wird. Diese Absatzschwäche werde womöglich länger anhalten als in der letzten Rezession in den Jahren 2001 und 2002.

Einzelne Chemiebereiche sind unterschiedlich stark betroffen

Die Aussichten in den einzelnen Chemiesektoren

werden unterschiedlich beurteilt.Die **Petrochemie**, die chemische Basisprodukte wie Ethylen, Propylen oder Benzol und daraus abgeleitete Standardkunststoffe und Chemievorprodukte herstellt, gilt als besonders krisenanfällig und traditionell relativ heftigen Schwankungen bei Preisen und Margen ausgesetzt. Stark vertreten in diesem Geschäft sind vor allem die Chemiesparten der Ölkonzerne, außerdem Unternehmen wie Sabic, Lyondell-Basell, Ineos sowie in Teilbereichen auch die diversifizierten Chemiekonzerne BASF und Dow. Verschärfend kommt hinzu, dass ab 2009 viele neue Anlagen im Mittleren Osten ihre Produktion starten und für ein großes Überangebot an chemischen Basisprodukten sorgen.Bei den **Spezialchemieherstellern** kommt es darauf an, in welchem Geschäft sie tätig und wer ihre Kunden sind. Vor allem diejenigen Chemieunternehmen, die die Automobilindustrie oder den Bausektor beliefern, Elektronikchemikalien herstellen und möglicherweise stark in Nordamerika engagiert sind, haben jetzt zu kämpfen. Auch die Kunststoff- und Lackhersteller sind betroffen. Besser hingegen geht es den Chemieherstellern, die Produkte für die Lebensmittelindustrie, den Gesundheitsbereich herstellen, da sich die Pharmaindustrie bisher als recht krisenanfällig erweist. Auch Vitamine und andere Feinchemikalien sind resistent und stützen die Chemieerträge ihrer Hersteller, wie beispielsweise

BASF oder DSM. Ein gutes drittes Quartal hatten auch die **Agrarchemiehersteller**. Bayer, Syngenta, Dupont und BASF blicken für diesen Geschäftsbereich noch zuversichtlich ins neue Jahr. Auch die Hersteller von **Industriegasen**, z.B. Linde, Air Liquide, Air Products oder Praxair, sind aufgrund ihrer Produktionsstrukturen und langfristigen Lieferverträge wenig konjunkturanfällig und haben ihre Prognosen für 2008 und 2009 tendenziell bestätigt. (2)

Deutsche Chemieindustrie wächst 2008 weniger als erwartet

Die Auswirkungen der Finanzmarkt- und Konjunkturkrise spürt auch die deutsche Chemieindustrie. Bereits im dritten Quartal war die Produktion rückläufig. Für das laufende vierte Quartal sind die Aussichten noch deutlich düsterer. Der Verband der Chemischen Industrie (VCI) hat seine **Prognose für das gesamte Jahr 2008** in den letzten acht Wochen zweimal zurückgenommen. Nach einem Produktionsplus von fünf Prozent im Vorjahr wird für die **Produktion** 2008 nun lediglich ein Zuwachs von einem Prozent erwartet. Der **Branchenumsatz** dürfte bei steigenden Erzeugerpreisen um rund drei Prozent zulegen. Die

Beschäftigung blieb nach Angaben des Verbands trotz der Eintrübung der Konjunktur im dritten Quartal mit 439 800 Mitarbeitern nahezu konstant.

Bremsmanöver der BASF

Der Branchenführer BASF hat jetzt ein heftiges Bremsmanöver eingeleitet. Er senkte kürzlich sein Ergebnisziel zum zweiten Mal innerhalb weniger Wochen. Bis Januar 2009 werden bis zu einem Viertel aller Produktionskapazitäten weltweit stillgelegt oder gedrosselt. 80 Anlagen wird der Konzern stilllegen, allein die Hälfte davon am Stammsitz in Ludwigshafen. In weiteren 100 Anlagen soll die Produktion gekürzt werden. Das ist auch für die BASF eine gewaltige Größenordnung, rund ein Fünftel der Produktionskapazität.
Von den 95 000 Mitarbeitern sind etwa 20 000 von der Produktionskürzung betroffen. Sie sollen zunächst Überstunden abbauen oder Urlaub nehmen. Notfalls könnte auch Kurzarbeit eingeführt werden. Ein Stellenabbau ist derzeit nicht geplant.
Kunden aus den Branchen Automobil, Bau und Textil haben Aufträge storniert. BASF beliefert sie mit Kunststoffen, Bauchemikalien und Katalysatoren. Die Kunden bestellen weniger, bauen Lager ab und haben zu wenig Kredite zur Verfügung.
Für die ersten neun Monate hatte BASF noch eine

Umsatzsteigerung um elf Prozent auf 48 Milliarden Euro und ein Plus beim operativen Gewinn vor Sondereffekten von acht Prozent auf rund 6,3 Milliarden Euro ausgewiesen.
Jetzt rechnet der Konzern zwar noch mit einer Umsatzsteigerung im Gesamtjahr, sieht aber keine Chancen mehr, den operativen Vorjahresgewinn von 7,6 Milliarden Euro zu erreichen.
Konzernlenker Hambrecht zeigte sich überrascht davon, dass die einkalkulierten Schwächen aus dem Nordamerikageschäft nicht durch das florierende Chinageschäft kompensiert werden. Er hatte offensichtlich nicht damit gerechnet, dass die Bestellungen aus China in derart starkem Maße ausbleiben. (3), (4)

Fazit

Die Absatz- und Preiskrise, die sich im dritten Quartal bereits abzeichnete, trifft die Chemiebranche jetzt mit voller Wucht. Es bleibt die Hoffnung, dass die vergangenen mehr als vier goldenen Jahre genügend Reserven abgeworfen haben, um die derzeitige Wirtschaftskrise trotz Einbruchs gut zu meistern.

Fallbeispiele

Spezialchemiekonzern **Altana** wird vom Abwärtsstrudel bereits mitgerissen. Die Jahresziele bei Umsatz und Gewinn werden nicht erreicht. Die Aussichten für das kommende Jahr sind trübe. Der Konzern leitet Kostensenkungsmaßnahmen ein. Überstunden sollen abgebaut und Arbeitszeitkonten ausgeschöpft werden. (5)

Auch **Cognis**, der Spezialchemiehersteller aus Monheim, rechnet mit einem schlechteren Ergebnis im vierten Quartal und im Gesamtjahr 2008, gibt sich aber noch zuversichtlich für das kommende Jahr. (6)

Die niederländische **Akzo Nobel**, der weltgrößte Hersteller von Farben und Lacken (in Deutschland z.B. durch die Marke Herbol bekannt) absolvierte ein gutes drittes Quartal und hält seine kurz- und mittelfristigen Ziele aufrecht, startete aber dennoch ein konzernweites Sparprogramm. 100 Millionen Euro Kosten sollen gespart und 3 500 Arbeitsplätze abgebaut werden. Dies ist allerdings auch im Zusammenhang mit der Übernahme des britischen Wettbewerbers ICI zu sehen. (7)

Der hoch verschuldete britische Petrochemie-Konzern **Ineos** bat seine Gläubiger, die Kreditkonditionen zu lockern. Gerüchte über ernste finanzielle Probleme kommen auf. Um diesen entgegenzutreten veröffentlichte das Unternehmen jetzt erstmals detaillierte Geschäftszahlen. Ineos ist nicht börsennotiert, aber einer der größten Chemiekonzerne der Welt, entstanden durch Aufkauf der Basischemiegeschäfte von Konzernen wie BP, BASF, Chevron, Lanxess und Degussa. (8)

Der Essener Mischkonzern **Evonik Industries AG** erwartet spürbare Auswirkungen des konjunkturellen Abschwungs im vierten Quartal vor allem in seinem größten Geschäft, der vormals als Degussa firmierenden Chemiesparte. (9)

Der Leverkusener Spezialchemie-Konzern **Lanxess AG** hingegen gibt sich weiterhin optimistisch und hat sogar die Jahresprognose leicht angehoben. Lanxess rechnet im vierten Quartal durchaus mit einer sinkenden Nachfrage, profitiert aber im Gesamtjahr von einem ausgezeichneten dritten Quartal. Außerdem konzentriert sich das Unternehmen inzwischen auf weniger zyklische Abnehmerbranchen, auf ein hochwertiges diversifiziertes Produktportfolio und verstärkt auch auf Wachstumsregionen wie etwa Asien und Osteuropa. (10)

Der Leverkusener Mischkonzern **Bayer** konstatiert ebenfalls eine Abschwächung der Konjunktur, von der insbesondere sein Teilkonzern Bayer Material Science (BMS) betroffen ist. Dieser macht in seinem Kunststoffgeschäft 18 Prozent des Umsatzes mit der Automobilindustrie, 17 Prozent mit der Möbelindustrie, 16 mit der Elektro- und Elektronikindustrie sowie 14 Prozent mit der Bauindustrie. (11)

Zahlen & Fakten

Führende Chemiefirmen

Führende Chemiefirmen im 3. Quartal 2008				
Angaben in Mio. US$ (Umrechnung zu Durchschnittskursen)				
Unternehmen/Land	Chemieumsatz*	Änderung in Prozent	Ebit Chemie*	Änderung in Prozent
BASF (Deutschland)	19.011	18	965	-31,4
Dow (USA)	15.411	13	496	-58,8
Dupont (USA)	7.297	9	422	-37,8
Akzo (Niederlande)	5.768	13	396	-12,2
Bayer (Deutschland)	5.733	11	255	-42,2
Solvay (Belgien)	2.703	4	268	-8,3
Rohm & Haas (USA)	2.471	12	132	-21,4
DSM (Niederlande)	2.363	9	267	27,1
Syngenta (Schweiz)	2.277	33	k.A.	k.A.
Celanese (USA)	1.823	16	151	2,7
Eastman (USA)	1.819	8	176	10,0
Sabic (Saudi-Arabien)	k.A.	k.A.	1.926	-2,0
Shell (GB/Niederlande)	k.A.	k.A.	-79	-119,9
Exxon (USA)	k.A.	k.A.	1.087	-9,6

k.A. = keine Angaben
*jeweils ohne Öl- oder Pharmasparten

Quelle: Quartalsberichte

Entnommen aus: Handelsblatt Nr. 214, 04.11.2008

Weiterführende Literatur

(1) Im Sturmtief
aus Handelsblatt Nr. 228 vom 24.11.08 Seite 10

(2) Ätzende Aussichten
aus Handelsblatt Nr. 214 vom 04.11.08 Seite 14

(3) Schwache Nachfrage aus China zieht die BASF nach unten
aus Frankfurter Allgemeine Zeitung, 22.11.2008, Nr. 274, S. 19

(4) Der Schock der BASF
aus Frankfurter Allgemeine Zeitung, 21.11.2008, Nr. 273, S. 13

(5) Altana kippt Umsatz- und Ergebnisziele
aus Handelsblatt Nr. 234 vom 02.12.08 Seite 11

(6) Cognis erwartet niedrigeres Ergebnis
aus Frankfurter Allgemeine Zeitung, 26.11.2008, Nr. 277, S. 15

(7) Akzo Nobel strafft Markenvielfalt
aus Frankfurter Allgemeine Zeitung, 28.11.2008, Nr. 279, S. 19

(8) Ineos bittet Banken um Erleichterungen
aus Handelsblatt Nr. 224 vom 18.11.08 Seite 15

(9) Konjunkturabkühlung trifft Evonik
aus Frankfurter Allgemeine Zeitung, 14.11.2008, Nr. 267, S. 18

(10) Lanxess rüstet sich für Abschwung
aus Frankfurter Allgemeine Zeitung, 14.11.2008, Nr. 267, S. 17

(11) "Wer kein gutes Polster hat, wird sich schwertun zu überwintern"

aus Frankfurter Allgemeine Zeitung, 06.11.2008, Nr. 260, S. 17

Impressum

Chemieindustrie - Konjunkturkrise beschert der Branche eine unerwartete Talfahrt zum Jahresausklang

Bibliografische Information der deutschen Nationalbibliothek

Die Deutsche Nationalbibliothek verzeichnet diese Publikation in der deutschen Nationalbibliografie; detaillierte bibliografische Daten sind im Internet über http://dnb.d-nb.de abrufbar.

ISBN: 978-3-7379-2251-7

© 2015 GBI-Genios Deutsche Wirtschaftsdatenbank GmbH, Freischützstraße 96, 81927 München, www.genios.de

Alle Rechte vorbehalten. Dieses Werk ist einschließlich aller seiner Teile – z.B. Texte, Tabellen und Grafiken - urheberrechtlich geschützt. Jede Verwertung außerhalb der Grenzen des Urheberrechtsgesetzes bedarf der vorherigen Zustimmung des Verlags. Dies gilt insbesondere auch für auszugsweise Nachdrucke, fotomechanische Vervielfältigungen (Fotokopie/Mikroskopie), Übersetzungen, Auswertungen durch Datenbanken oder ähnliche Einrichtungen und die Einspeicherung und Verarbeitung in elektronischen Systemen.